8
LN27
40909

DISCOURS

PRONONCÉ PAR

HIPPOLYTE BUFFENOIR

MEMBRE DE LA SOCIÉTÉ DES GENS DE LETTRES

LE 8 MAI 1892

EN L'HONNEUR

D'ALFRED DE MUSSET

Prix : 50 centimes

PARIS
L. SAUVAITRE, ÉDITEUR
72, BOULEVARD HAUSSMANN, 72

1892

DISCOURS
EN L'HONNEUR
D'ALFRED DE MUSSET

ŒUVRES D'HIPPOLYTE BUFFENOIR

Les Premiers Baisers, poésies (5ᵉ édition). Magnifique volume sur papier de Chine . . . . .   3 fr. »
Les Beaux Jours d'un Poète, étude parisienne (7ᵉ édition).   1   »
La Roche Tarpéienne ou Lettre sur le Gambettisme. Une forte brochure. . . . . . .   »   50
Gambetta devant la Justice du Peuple. Une forte brochure (60ᵉ édition). . . . .   »   50
Les Allures viriles, poésie et prose. Edition de luxe (4ᵉ édition). 1 vol.   3   »
Robespierre, aperçus sur la Révolution. . . .   2   »
Pour ceux qui n'ont pas de foyer, poème. . . .   »   50
Deux discours en l'honneur d'Alfred de Musset (1882-1883).   1   »
La Vie ardente, poésies (3ᵉ édition).   3   »
Les Drames de la Place de Grève, roman historique (6ᵉ édition).   3   »
Le Député Ronquerolle, roman de mœurs contemporaines (6ᵉ édition)   3   »
Cris d'Amour et d'Orgueil, poésies (5ᵉ édition) .   3   »
Jean-Jacques Rousseau et les Femmes, étude philosophique (5ᵉ édition)   1   »
Conférence sur le « Jésus-Christ » du Père Didon (6ᵉ édition). . . . .   »   50
Les Russes en Aie, notice sur les collections Moser (4ᵉ édition) . . . .   »   50
Pour la Gloire, poésies nouvelles   3   »
Discours en l'honneur d'Alfred de Musset (1892).   »   50

SOUS PRESSE

Confessions et Souvenirs   3   »

DISCOURS

PRONONCÉ PAR

HIPPOLYTE BUFFENOIR

MEMBRE DE LA SOCIÉTÉ DES GENS DE LETTRES

LE 8 MAI 1892

EN L'HONNEUR

D'ALFRED DE MUSSET

Prix : 50 centimes

PARIS
L. SAUVAITRE, ÉDITEUR
72, BOULEVARD HAUSSMANN, 72

1892

DISCOURS

EN L'HONNEUR

D'ALFRED DE MUSSET

Le Dimanche, 8 Mai 1892, sur l'initiative du journal le *Phare Littéraire*, une manifestation avait été organisée au cimetière du Père-Lachaise, pour rendre hommage à Alfred de Musset, à l'occasion de l'anniversaire de sa mort. Deux mille personnes environ avaient répondu à l'appel du Comité organisateur. Plusieurs Sociétés littéraires et artistiques de Paris s'étaient fait représenter à cette imposante cérémonie, sympathiquement accueillie par toute la presse.

« Demain, à quatre heures du soir, disait le *Figaro* du 7 Mai, un groupe d'hommes de lettres déposera une couronne de fleurs naturelles sur la tombe de Musset. Cette tombe, comme on le sait, est située à gauche, dans la grande allée du Père-Lachaise. MM. Paul Vulpian, André Chadourne, Louis Vaultier, Fernand Fouquet et Raoul Bonnery diront des vers. MM. Paul Vibert et Hippolyte Buffenoir prononceront des discours. Avis aux admirateurs de Musset. »

Ce programme a été fidèlement exécuté, et

la manifestation a pleinement réussi. — Voici le discours prononcé par M. Hippolyte Buffenoir, membre de la Société des Gens de Lettres, et un des promoteurs de cette fête intellectuelle :

Mesdames, Messieurs,

Il y a dix ans, à pareille date, quelques jeunes écrivains, au nombre desquels j'avais l'honneur de me trouver, vinrent ensemble déposer une couronne sur la tombe d'Alfred de Musset, le jour anniversaire de sa mort.

Leur manifestation avait été comprise, la foule les avait suivis ; elle se pressait, comme aujourd'hui, attentive et recueillie, devant ce mausolée célèbre ; le soleil de la poésie, comme celui de la nature, illuminait la fête, et ce fait d'armes littéraire est resté comme un des meilleurs souvenirs de notre première jeunesse.

Dix ans ! — C'est déjà un long terme dans la vie de l'homme. Que de transformations il amène ! Que de consciences il voit devenir indifférentes à ce qui les enfiévrait jadis ! Que de convictions s'apaisent ! Que d'enthousiasmes se refroidissent !

Cependant, nous, les admirateurs d'Alfred de Musset, nous sommes restés fidèles à notre culte juvénile et nous venons encore, après ces dix années, affirmer ici, avec plus d'énergie que jamais, le prestige du génie poétique, la supériorité et la gloire de la littérature, notre amour filial pour les clartés, la finesse, l'élégance et la force de la langue française.

Et d'abord, Mesdames et Messieurs, pourquoi

sommes-nous venus aujourd'hui dans ce lieu du repos où dorment tant d'illustres mémoires ? — A quels sentiments avons-nous obéi, en invitant nos amis, nos camarades du monde littéraire, et aussi le public, la jeunesse des Ecoles, à nous accompagner devant ce tombeau, et à y déposer des fleurs, symbole de reconnaissance et d'affection ? — En vous remerciant tous d'avoir répondu à notre appel, nous devons vous dire pourquoi nous vous l'avons adressé.

Notre pensée première a été celle-ci : Développer l'idée du culte des grands hommes qui ont illustré leur nom, et honoré la Patrie par leurs actions fécondes, leurs travaux souverains, leur noble volonté.

Il semble, Messieurs, que la nation, divisée sur le terrain mouvementé de la politique, éprouve le besoin de s'unir sur d'autres points de sa vie morale, et certes, rien n'est plus propre à grouper toutes les intelligences, et tous les cœurs, que le nom et le souvenir d'un homme célèbre, poète, écrivain, orateur, savant, vaillant capitaine, âme supérieure en un mot, à quelque titre que ce soit.

En nous tournant vers une mémoire glorieuse, autour de laquelle la mort a fait taire les mesquines passions, et les haines jalouses, nous nous élevons nous-mêmes vers ce qui est grand et beau ; nous oublions les petitesses, qui trop souvent nous environnent et nous attristent : Nous stimulons en nous l'enthousiasme, et nous acquérons ainsi la force de créer à notre tour, chacun dans notre sphère, c'est-à-dire d'accomplir le devoir qui s'impose à nos facultés natives, développées par l'éducation et le travail.

Un peuple, qui a le culte de ses grands hommes, ne peut que s'ennoblir, et parvenir à la domination, car le légitime orgueil que lui donne son passé fécond lui fait trouver l'énergie nécessaire, pour ne baisser jamais aux regards de l'Histoire.

Si vous rappelez à un enfant, qui a perdu son père, les hautes qualités du défunt, la bonté de son cœur, sa profonde honnêteté, les nobles exemples qu'il a donnés, les vertus qu'il a pratiquées, les travaux qu'il a accomplis, vous excitez en lui non seulement l'émotion, mais aussi l'ardent désir de l'imiter, et d'être digne de son souvenir vénéré. Cet enfant, alors, se met à l'œuvre avec plus de courage ; à mesure qu'il grandit, une généreuse ambition le pousse en avant, et lorsqu'il a préparé sa carrière, et assuré son avenir, il songe dans un élan de tendresse, à la joie qu'éprouverait, devant ses succès, celui qui n'est plus, et qui repose là-bas, sous les gazons du cimetière...

Elargissez ce sentiment, faites-le sortir du cadre de la famille, appliquez-le à tout ce qui constitue l'amour sacré de la Patrie, et vous amènerez une éclosion superbe de volontés, d'énergies, de talents, et parfois même l'essor d'un génie nouveau.

Telle est, Mesdames et Messieurs, la première raison déterminante qui nous a poussés à organiser cette manifestation.

C'est ensuite notre ferveur pour les plaisirs de l'esprit, notre passion pour les Lettres et les Arts, notre inaltérable amour pour la Poésie, que le temps et l'expérience de la vie ne font que fortifier.

Les sentiments divers, qui tiennent au cœur de l'homme, trouvent des anniversaires pour s'affirmer, et se donner carrière. — Les uns, dans leur patriotisme ardent, célèbrent, chaque année, la gloire de Hoche ; les autres, épris de philosophie, vont évoquer la mémoire d'Auguste Comte ; ceux-ci, musiciens respectueux pour un vaillant de leur art, se rencontrent sur la tombe de Berlioz ; ceux-là saluent, à certains jours déterminés, ces génies admirables qui furent Montesquieu, Voltaire, Jean-Jacques Rousseau, Mozart... Quel couple, dans l'ivresse d'une passion naissante, n'est allé rêver sur le tombeau d'Héloïse et d'Abélard ?

Nous avons bien le droit, nous, dont la poésie, dont l'Idéal est le grand souci, de choisir un poète pour héros de notre hommage, et quel poète, celui qui a écrit *Don Paez* et *Mardoche*, chefs-d'œuvre de passion et d'ironie adolescentes ; les *Nuits* et *Rolla*, chants sublimes d'aspiration vers la Beauté, et de sanglant désespoir ; *Lucie*, et le *Souvenir*, douce évocation du bonheur qui n'est plus, soupirs d'ineffable tendresse ; la *Loi sur la Presse* et le *Rhin Allemand*, cris superbes de liberté, et de fierté française ; la *Confession d'un enfant du siècle*, entraînant récit qui peut faire pendant à l'œuvre de Jean-Jacques ; *On ne badine pas avec l'amour*, peinture empoignante de la passion dominatrice, et de la naïveté charmante...

... Il faudrait, Messieurs, citer tous les ouvrages d'Alfred de Musset, car, au rebours de certains écrivains, dont parle Vallès, « qui ont écrit vingt volumes et pas une page, dix pièces de théâtre et pas une scène », il n'a rien écrit, lui, qui ne mérite d'être lu et relu, d'orner notre esprit, et de vivre dans notre mémoire.

Ah ! Messieurs, si Alfred de Musset jouit de ce privilège, c'est qu'il était, c'est qu'il est, et c'est qu'il restera éminemment Français, et, par là, je veux dire qu'il portait en lui les meilleures traditions de notre race, qu'il en avait le sens profond, qu'il s'était nourri de la pensée de nos maîtres bien à nous, depuis Mathurin Regnier, Molière, Racine, La Fontaine, jusqu'à André Chénier et Beaumarchais, et qu'il avait puisé en eux cette clarté admirable, cette ironie mordante devant la sottise prétentieuse, cette élégance primesautière, et cette fière allure d'indépendance, qui ont toujours été l'apanage de notre vieille terre des Gaules, et qui, nous le voulons croire, resteront l'orgueil de la France contemporaine.

Comme tous les cœurs haut placés, il aimait rendre hommage aux écrivains dont il se sentait le descendant, le fils intellectuel. Quel éloge académique vaut celui-ci, qui sort de sa plume, après une citation :

> L'esprit mâle et hautain, dont la sobre pensée
> Fut dans ces rudes vers librement cadencée,
> (Otez votre chapeau) c'est Mathurin Regnier,
> De l'immortel Molière immortel devancier !

Molière ! Vous savez tous, Messieurs, comment il l'honore dans la pièce : *Une Soirée perdue*, tant de fois récitée, autant de fois applaudie :

> O notre maître à tous ! Si ta tombe est fermée,
> Laisse-moi, dans ta cendre un instant ranimée,
> Trouver une étincelle, et je vais t'imiter !
> J'en aurai fait assez si je puis le tenter.
> Apprends-moi de quel ton, dans ta bouche hardie,
> Parlait la vérité, ta seule passion,
> Et, pour me faire entendre, à défaut de génie,
> J'en aurai le courage et l'indignation !

Et La Fontaine ! Quels vers touchants il a su trouver pour l'admirer ! Jamais petit-fils n'a parlé de son aïeul avec plus de tendresse :

> C'est avec celui-là qu'il est bon de veiller...
> Ouvrez-le sur votre oreiller,
> Vous verrez se lever l'aurore...
> Molière l'a prédit, et j'en suis convaincu,
> Bien des choses auront vécu,
> Quand nos enfants liront encore,
> Ce que le bonhomme a conté !

Messieurs, ne trouvez-vous pas qu'il y a là un haut enseignement pour notre esprit, et qu'Alfred de Musset, en même temps qu'il est le poète par excellence de la jeunesse et de l'amour, comme nous le verrons dans un moment, est aussi un éducateur de premier ordre, par son bon sens et sa raison.

Le fait est indéniable, et la preuve en est établie par chaque page, chaque phrase de son œuvre entière, les qualités maîtresses de Musset sont celles que nous avons indiquées, la clarté, l'élégance, la sincérité, et l'ironie, fille de la raison ailée.

Sachons lui gré d'avoir fui les soi-disant écoles littéraires, de n'avoir point enfermé son génie dans des formules prétentieuses, mais d'avoir simplement écouté son cœur, et de nous avoir dit sans prétention, sans calcul, ses joies et ses tristesses, ses espérances et ses amertumes, le charme d'un souvenir heureux, le mélancolique regret des tendresses envolées.

La grande affaire, Messieurs, pour nous conquérir, est d'exprimer des sentiments humains en bon français. Il n'est pas donné au premier venu d'y réussir, et plus d'un qui l'a tenté n'a parlé qu'un langage obscur. Alfred de Musset l'a pu faire, et c'est là sa force, le secret de tant de sympathies qui vont à lui, le signe assuré d'une gloire que rien ne saurait entamer.

Poète de la jeunesse et de l'amour, avons-nous dit. Oui, c'est là son titre incontesté. En est-il un plus beau, dans la grande famille littéraire ?

En sortant de l'adolescence, avide d'action, de renommée, de tendresse sincère, il se jeta sur toutes les émotions de ce monde, pareil à un athlète novice, qui descend pour la première fois dans l'arène et qui va savoir au prix de quelles blessures s'acquiert l'expérience.

Tout lui sourit d'abord ; il croit à la bonne foi, à la générosité, à la justice, à l'éternité du sentiment, à l'héroïsme du cœur, au courage de la pensée, bref à toutes les vertus, dont la conception fait la grandeur de l'être humain.

Son imagination poétique leur prête une magie délicieuse, et les colore d'un reflet enchanteur. Il apparaît comme un jeune dieu dans le tumulte des villes, ou la solitude des bois et des vallées ; son cœur est ému par le seul plaisir de vivre, et des flots d'harmonie sont prêts à sortir de sa poitrine altière.

Messieurs, le poète aimé qui repose, suivant son désir, sous ce saule funéraire, reconnut bien vite combien grande est la disproportion entre l'infini de nos aspirations et la contingence des choses, entre la Beauté parfaite qui passe dans nos rêves et les ébauches qui s'offrent à nous de tous côtés, entre l'idée de justice qui nous hante sans cesse et les iniquités auxquelles viennent se heurter nos pas, entre la certitude qu'ambitionne notre raison et le doute qui nous accable, entre les amours si belles entrevues et les fragiles réalités... Le poète, dis-je, eut conscience de toutes ces misères de l'homme, et, désespéré, il poussa un cri de révolte et d'angoisse...

Ce cri déchirant a trouvé un écho dans toutes les âmes, et a retenti dans tout le dix-neuvième siècle. A la douleur d'Alfred de Musset, nous avons reconnu notre propre amertume. De là l'invincible sympathie qui va de ceux qui le lisent à l'auteur de *la Coupe et les lèvres*, de *Namouna*, et de tant d'autres œuvres pénétrantes.

La jeunesse se reconnaît plus spécialement dans la fièvre d'espérance de Musset, dans son entraînement fougueux, dans ses colères et ses révoltes, dans son désir de tout entreprendre, de tout réformer, et de tout braver, c'est pourquoi il est et demeure son poète préféré.

Il ne chante le plus souvent que les angoisses de son cœur ; mais il le fait avec une telle intensité de pensée et de style que ses cris de douleurs deviennent comme impersonnels, et se transforment ainsi en chefs-d'œuvre, où nous reconnaissons nos propres souffrances, nos secrètes convoitises, les passions de tous les siècles et de toute la terre. « Sa voix, dit un écrivain contemporain, monte comme le cri de douleur et d'amour de l'humanité elle-même. »

Que de beaux vers nous pourrions citer ici à l'appui de notre assertion, ceux-ci, entre autres, empruntés au poème de *Lucie :*

> Doux mystère du toit que l'innocence habite,
> Chansons, rêves d'amour, rires, propos d'enfant,
> Et toi, charme inconnu dont rien ne se défend,
> Qui fis hésiter Faust au seuil de Marguerite,
> Candeur des premiers jours, qu'êtes-vous devenus ?
> Paix profonde à ton âme, enfant ! à ta mémoire !
> Adieu ! ta blanche main sur le clavier d'ivoire,
> Durant les nuits d'été, ne voltigera plus !...

Le poète, Messieurs, qui trouve de pareils accents, possède la véritable gloire. Et par gloire véritable, nous entendons ici, non les hommages bruyants, non les ovations enthousiastes, non les frémissements tumultueux de la place publique, mais ce tribut d'admirations discrètes, silencieuses et désintéressées qui vont à un écrivain préféré. Par gloire véritable, nous entendons cette puissance du penseur à engendrer l'émotion ou la conviction chez son semblable, dans le calme de la méditation, loin de la foule ; nous entendons cette consolation intime qu'il fait descendre dans l'âme désolée, brisée par les brutalités de ce monde, isolée souvent au milieu des agglomérations et des mouvements de la vie moderne.

Or, cette gloire-là, Musset la possède assurément, et nul plus que lui n'est lu dans l'intimité mystérieuse que chacun de nous se crée à lui-même pour examiner sa vie, pour se demander d'où il vient, quel rôle il joue ici-bas, et vers quel pôle il doit tourner les yeux. Musset est le poète dont l'œuvre est au chevet des âmes blessées, des âmes délicates, qui n'ont point trouvé dans la réalité les bonheurs réels et les ivresses attendues. On lit ses vers au milieu du silence de la nuit, dans les veilles que nécessite le besoin de penser, et que prolongent les ambitions du cerveau et les énigmes du cœur.

Comme les jeunes gens, les femmes sont ses admiratrices. A ses larmes, à ses sanglots, elles comprennent combien il les aimait, et quelle place immense elles ont tenue dans sa vie. N'a-t-il pas dit :

L'avez-vous lu, Marquise ? — Et toi, Lisette ?
Car, ce n'est que pour vous, grande dame ou grisette,
. . . .
Que ce pauvre badaud, qu'on appelle un poète,

> Par tous les temps qu'il fait s'en va le nez au vent,
> Toujours fier et trompé, toujours humble et rêvant !

Mais, Alfred de Musset, Messieurs, n'a pas chanté seulement la douleur, l'inquiétude, le doute. Il a trouvé que la vie, malgré ses contingences et ses déceptions, avait aussi ses joies, ses sourires et ses folies. Il s'est perdu dans les sentiers des champs et des bois, et devant la nature en fête, il a oublié les agitations de son intelligence et de son cœur. Le plaisir de respirer, de vivre au grand soleil a enfiévré son cerveau ; il a senti que l'existence avait des heures enchantées, des matins et des soirs remplis de délices, et il a écrit des vers comme ceux-ci :

> Dites-moi, terre et cieux, qu'est-ce donc que l'aurore ?
> Qu'importe un jour de plus à ce vieil univers ?
> Dites-moi, verts gazons, dites-moi, sombres mers,
> Quand des feux du matin l'horizon se colore,
> Si vous n'éprouvez rien, qu'avez-vous donc en vous,
> Qui fait bondir le cœur, et fléchir les genoux ?

Dans le poème exquis : *Sur trois marches de marbre rose*, Musset s'adresse au bloc qu'il admire, et lui dit :

> Oui, si tes flancs devaient s'ouvrir,
> Il fallait en faire sortir
> Quelque divinité nouvelle !
> Quand sur toi leur scie a grincé,
> Les tailleurs de pierre ont blessé
> Quelque Vénus dormant encore,
> Et la pourpre qui te colore
> Te vient du sang qu'elle a versé !

Ce sentiment délicat et intense des harmonies de la Nature, cette façon de l'apostropher, de s'adresser à elle comme à une personnalité consciente et attentive, classent Alfred de Musset parmi ce groupe d'écrivains si vivants, où brillent Racine et

Jean-Jacques Rousseau, puis André Chénier, Bernardin de Saint-Pierre, Chateaubriand, Lamennais, George Sand.

D'un autre côté, par le charme et l'éclat de son esprit, par l'ironie française dont il se sert si bien, par son scepticisme railleur, Musset se rattache à l'école de Voltaire, ce grand maître du rire et du bon sens. Que de saillies pétillantes et vives rappellent, dans l'œuvre de notre poète, la verve de l'auteur de *Candide*, attaquant les préjugés, les erreurs, les sophismes et les sots de son époque !

Ainsi donc, dans Alfred de Musset, nous découvrons un philosophe inquiet devant l'inconnu de notre destinée, un enthousiaste de la beauté vivante, un satirique écrivant avec la plus élégante des impertinences. C'est pourquoi, Messieurs, je répète encore qu'à ce triple titre, Alfred de Musset est éminemment un génie français : Nous sommes fiers de son héritage, nous, venus après lui dans la carrière !

Quelle est la pensée qui nous inspire, disais-je tout à l'heure ? — Proclamons-le bien haut, c'est à l'occasion de l'anniversaire de la mort de Musset, au souvenir de cet homme supérieur et de son œuvre, c'est, dis-je, un immense amour pour la Poésie. Nous aussi, nous croyons à un Idéal que nos efforts peuvent atteindre ! Nous aussi, nous souffrons, en cherchant à connaître les effets et les causes ! Nous aussi, nous admirons les merveilles de ce monde, « la douce clarté du jour », suivant le mot d'Euripide, le réveil du printemps, les séductions d'un beau ciel pendant les nuits d'été ; nous aussi, parfois, nous voudrions tenir le fouet de la satire, quand la sottise obscure, et le ridicule s'étalent sous nos yeux, et veulent nous régenter !

Par notre hommage à Alfred de Musset, nous honorons donc la Muse immortelle qui souffle sur les têtes privilégiées, qui traverse tous les siècles, et s'assied au foyer de tous les peuples.

« Après tout, dirons-nous avec Sainte-Beuve, l'essentiel et durable entretien des poètes, celui qui ne leur manque, ni ne leur pèse jamais, qui ne perd rien, en se renouvelant, de sa sérénité idéale, ni de sa suave autorité, ils ne doivent pas le chercher trop au dehors. Milton, vieux, aveugle et sans gloire, se faisant lire Homère par la douce voix de ses filles, ne se croyait pas seul, et conversait de longues heures avec les antiques génies. »

C'est ce besoin d'un commerce salutaire avec les maîtres dans l'art de parler et d'écrire, qu'il nous est donné de satisfaire en ce moment. Nous sommes donc bien loin des querelles d'école et des personnalités. Notre hommage à Musset est libre et fier, autant que désintéressé.

J'achève, Messieurs, et je dis : Notre admiration pour le grand écrivain, qui repose dans ce tombeau, ne doit pas être stérile. Qu'est-ce qui a enfanté sa gloire ? — Son génie, sans doute, qu'il avait reçu de la nature. Mais, il faut ajouter aussi : l'amour actif et profond qu'il avait pour les Lettres, et pour la Poésie.

Donc, attachons-nous à la Littérature, à l'Art, à la Science, comme aux meilleures consolations de l'être intelligent, au sein des sociétés modernes. Quels que soient les déboires, les amertumes des premières luttes, si nous sommes tenaces et fidèles à la Muse, elle finira par se laisser attendrir et nous accordera un sourire heureux. Elle nous récompensera des efforts que nous aurons faits pour son triomphe. Ce ne sera peut-être ni par la fortune, ni par les honneurs bruyants, ni par tout ce qui séduit et entretient la vanité ; ce sera certainement par le pur sentiment de la Beauté, sentiment qui deviendra en nous si fort et si vivace qu'il suffira pour assurer à notre vie une haute et digne signification.

C'est cette fidélité à la Poésie, à l'Art, à la Science, qui jette un reflet de véritable grandeur sur ceux qui l'ont pratiquée. C'est elle qui soutenait Dante malheureux, poussé, comme il l'a dit lui-même, de rivage en rivage par le souffle glacé de la misère. C'est elle qui consolait le Tasse errant à travers l'Italie. C'est elle encore qui inspirait tant de fierté au vieux Corneille, et lui donnait la certitude de l'immortalité. C'est elle enfin qui réconfortait Byron dans son dégoût universel, et Shelley dans les persécutions des jaloux et des stériles...

Chateaubriand, que je citais, il y a un moment, fut ambassadeur et ministre. Qui s'en souvient ? — Personne. On a oublié les fonctions et les dignités publiques de l'homme, tandis que les rêveries de René à travers les forêts du Nouveau-Monde vivent dans toutes les mémoires, et ne périront jamais.

C'est cette fidélité à la Poésie, à l'Art, à la Science, qui met une auréole sur le front de Mozart, de Beethoven, de Chopin, et qui soutenait le courage de Berlioz méconnu... C'est elle qui nous rend si cher le souvenir de Lamartine et de Victor Hugo !

Enfin, c'est elle, Mesdames et Messieurs, qui assure à Alfred de Musset ce prestige et cette magie qui s'imposent à toutes les intelligences, et portent l'émotion dans tous les cœurs !

« Ce discours, plein de chaleur et d'enthousiasme, dit la *Patrie*, a été accueilli par d'unanimes applaudissements. »

Voici, d'autre part, l'appréciation de la *France Nouvelle,* par la plume de M. Olivier de Réval : « Après avoir raconté et expliqué l'âme de Musset, après avoir retracé la carrière si bien remplie de l'écrivain, y avoir réclamé pour le prosateur, le philosophe une part de la gloire du poète, M. Hippolyte Buffenoir a célébré les Lettres et le Travail. Lorsqu'il a déclaré avec force que cette manifestation ne s'adressait pas uniquement à Musset, mais aussi à cet esprit français dont il fut un représentant presque sans égal et un défenseur fidèle, lorsqu'il a associé dans un même culte tous nos grands écrivains, depuis Régnier, Molière et La Fontaine, jusqu'à Hugo, Lamartine et George Sand, et qu'il les a salués parce qu'ils ont su *exprimer clairement des pensées claires,* des murmures approbateurs ont couru dans l'assistance. J'ai senti que la foule et l'orateur étaient en pleine communion d'idées, et cela m'a fait plaisir, parce qu'à cette heure où quelques-uns s'efforcent de dénaturer et d'obscurcir la langue française, il me paraît bon d'affirmer hautement notre amour du sens commun et de la clarté, et aussi, parce qu'à honorer les grands hommes, les autres s'améliorent. Ce qui, en fin de compte, et si bonne opinion que nous ayons de nous-mêmes, ne saurait jamais être inutile. »

APPENDICE

I

Nous croyons devoir compléter cet Opuscule par les vers touchants que MM. Louis Vaultier et Fernand Fouquet, deux jeunes écrivains, justement appréciés déjà, ont dit sur la tombe du chantre de *Lucie*.

Musset, Poète aimé, toi qui n'as pas vieilli,
En te lisant, mon âme a souvent tressailli,
Tandis qu'un sang plus chaud affluait dans mes veines !
Tu n'as jamais connu nos misérables haines ;
Ton âme est tout amour, même en ses cris amers,
Et ton cœur, orageux comme le flot des mers,
Invoque incessamment l'astre de l'Espérance !

Nous t'apportons ici l'hommage de la France
Qui pense et se souvient ; nous t'apportons des fleurs,
Dont l'attrait printanier et les fraîches couleurs
Symbolisent l'éclat de tes rimes légères,
De tes chansons d'amour, joyeuses messagères,
De tes vers, se moquant du temps et de l'oubli !
Devant toi, le Penseur se sent enorgueilli,
Il comprend la grandeur qui s'attache au Poète,
Et voit de quels trésors sa renommée est faite !

Qui donc a sur ton front mis le laurier divin ?
Qui veille sur ta gloire, ô sublime écrivain ?
— Ce sont tous tes héros d'amour et d'infortune,
La blonde Carmosine, et Silvia la brune,
Don Paëz et Rolla, Mardoche et Perdican,
L'intrépide amoureux, le tendre soupirant,
Ulric, Fortunio, Camille et Marianne,
Rosette, la naïve et douce paysanne...
C'est par leurs chants, leurs pleurs, leurs cris de liberté,
O Musset, qu'a fleuri ton immortalité !

Louis VAULTIER.

Ces vers ont été soulignés par des applaudissements chaleureux, comme, d'ailleurs, le sonnet suivant, dit par son auteur avec un sentiment de superbe lyrisme :

Musset, maître adoré parmi ceux qu'on adore,
Toi dont le cœur ardent, dans sa sincérité,
Après avoir souffert voulant souffrir encore,
Préféra la douleur à la stérilité.....

Musset, toi qui connus le doute qui dévore,
Et qui, toujours trahi, jamais désenchanté,
— Dante sans Béatrix, et Pétrarque sans Laure —
Aimas jusqu'à la mort l'amour et la beauté...

Tu ne voulus jamais, dans tes candeurs sublimes,
Rabaisser ton génie à ravauder des mots...
Mais, pareil à l'aiglon planant sur les abimes,

Dans des vers éperdus tu retraças tes maux,
Et ton œuvre de feu, — jeune, vibrante et sombre, —
Reste comme un soleil qui souffrirait d'une ombre !

Fernand FOUQUET.

M. André Chadourne a fait entendre deux sonnets, qui ont été très goûtés, celui-ci surtout :

Pour toi, puisqu'en dépit de ta longue tristesse,
Tu restes à nos yeux le barde préféré
Du plaisir, des amours, de l'ardente jeunesse,
Et des femmes surtout le poète adoré ;

Puisque, sous notre ciel que voile une ombre épaisse,
Le désespoir paraît tout régir à son gré,
Répands sur nous, Musset, un peu de cette ivresse
Qui fouette le talent et rends l'homme inspiré,

Afin qu'en ces combats où chacun se consume,
Quiconque ne peut point triompher par la plume
Ne se sente plus tant désespéré ni las !

Et que ceux pour lesquels la gloire n'est qu'un rêve,
A leurs rudes travaux apportant une trêve,
Ornent leurs fronts joyeux de myrte et de lilas !

André CHADOURNE.

Enfin, du poème de M. Raoul Bonnery, *Sur le*

Tombeau de Musset, nous détachons les strophes suivantes, très applaudies, elles aussi :

> Les jeunes, les aînés, tous, nous voulons te dire
> Que nous savons par cœur le « Rhin » et « Namouna »;
> Qu'en un style aussi pur nous envions d'écrire;
> Enfin, que nous t'aimons, poète de « Rolla » !
>
> Oh ! tu n'es pas de ceux que, vite, un peuple oublie !
> Ton théâtre est toujours aimable et gracieux...
> Tes Proverbes vivront tant que cette folie
> Qu'on appelle l'amour, règnera sous les cieux !
>
> Musset, pour un moment, nous troublons le beau rêve
> Qui t'arrache un doux nom, celui de Malibran,
> Nom que ton cœur commence et que ta lèvre achève,
> Nom qui met dans tes yeux un éclair dévorant !
>
> Mais nous voulons — naïfs ou blasés — goûter, boire,
> Aspirer à longs traits cet air vivifiant
> — Parfums de poésie et promesses de gloire —
> Qui s'exhale du tertre où tu dors souriant !
>
> Et peut-être, ô Musset, qu'après cette visite,
> Ayant su te ravir un peu du feu sacré,
> Dans le champ poétique, aride et sans limite,
> Redirons-nous les sons de ton luth inspiré !
>
> Raoul BONNERY.

Des discours, des vers, dits dans un cimetière, à la fin d'un beau jour de printemps, sur la tombe d'un écrivain illustre, impressionnent vivement l'auditoire qui les écoute. Il y a là une affinité mystérieuse entre l'enthousiasme de l'orateur, du poète, qui manifeste sa pensée, le recueillement de la foule attentive, et l'éblouissant décor qui, de toutes parts, apparaît dans la Nature.

Au Père-Lachaise, tout en haut de la grande allée centrale, où se trouve le tombeau d'Alfred de Musset, une scène de ce genre revêt un caractère de véritable grandeur. Celui qui parle a, sous les yeux, l'immense Paris, se déroulant à perte de vue dans les clartés mélancoliques du couchant, avec ses grandeurs et ses misères, ses passions, ses folies, ses vices et ses vertus. Le souvenir des héros de Balzac revient naturellement à sa mémoire, et lui aussi jette un défi hautain à cette société inquiète et tumultueuse, qui s'agite là-bas dans la poussière, et où la volonté, l'énergie, les âmes trempées sont si rares...

II

La manifestation du 8 Mai a inspiré des articles de tous genres à nos confrères du Journalisme. Ils ont profité de la circonstance, pour consacrer à Musset des chroniques intéressantes et sympathiques, que nous voudrions reproduire ici, car elles constituent des documents utiles pour l'histoire de la littérature, mais nous aurions tout un livre à publier, et nous devons y renoncer (1). Nous nous bornerons à faire quelques citations.

Il convient d'abord de féliciter hautement le *Phare Littéraire* et son directeur, M. Gyp de Nixo, pour le concours et le dévouement apportés à la manifestation. On oublie trop souvent, en France, celui qui a le courage de pendre le grelot.

---

(1) Parmi les journaux qui ont parlé de la fête littéraire du 8 Mai, nous devons mentionner avec reconnaissance : le *Figaro*, le *Gaulois*, l'*Echo de Paris*, le *Voltaire*, le *Journal des Débats*, l'*Evénement*, le *Petit Parisien*, le *XIXᵉ Siècle*, l'*Intransigeant*, l'*Eclair*, la *Petite République Française*, la *Justice*, le *Moniteur universel*, le *Soleil*, la *Correspondance Havas*, la *Liberté*, le *Télégraphe*, la *Patrie*, le *Jour*, *Fin de Siècle*, le *Petit Moniteur*, la *Cocarde*, l'*Echo de France*, le *Pays*, la *Petite Presse*, le *National*, le *Patriote*, le *Moniteur général*, l'*Observateur français*, la *France nouvelle*, la *Défense*, l'*Etendard*, le *Constitutionnel*, le *Nouvelliste* de Rouen, le *Petit National*, le *Patriote*, *Paris qui passe*, le *Monde artiste*, l'*Echo Polyglotte*, le *Premier Arrondissement*, le *Phare de la Loire*, le *Sémaphore* de Marseille, le *Charentais* et le *Suffrage universel* d'Angoulême, etc., etc.

Voici un passage du bel article du *Petit Parisien* :
« M. Taine pouvait écrire sur le poète de la jeunesse, au lendemain de sa mort, et sans craindre la moindre contradiction : Le lire ! nous le savons tous par cœur. Il est mort, et tous les jours il nous semble que nous l'entendons parler.

« Une causerie d'artistes qui plaisantent dans un atelier, une belle jeune fille qui se penche au théâtre sur le bord de sa loge, une rue lavée par la pluie où luisent les pavés noircis, une fraîche matinée riante dans les bois de Fontainebleau, il n'y a rien qui ne nous le rende présent, et comme vivant une seconde fois.

« Y eut-il jamais accent plus vibrant et plus vrai ? Celui-là au moins n'a jamais menti. On ne l'a point admiré, on l'a aimé : c'était plus qu'un poète, c'était un homme. »

Nous trouvons, dans une chronique émue du *Voltaire*, les lignes suivantes : « O saule, qui secoues ta petite crinière verte, là-bas, au-dessus de la tombe du bien-aimé poète, on me dit que de tendres jeunes gens ont été, hier soir, accrocher des sonnets à tes branches pendantes !

« Tous ceux qui aiment les jolis vers où sonne le rire de la jeunesse et où pleurent, ainsi que des perles, les larmes de Mimi Pinson, tous ceux-là, les Rolla de chez Vachette et les don Paëz de chez Madrid, suivaient la panathénée de ces amants descendus du Parnasse pour saluer ta tombe...

« C'est la première fois que Paris se souvient. On prétend que, de semaine en semaine, une main demeurée mystérieuse dépose des fleurs au pied du buste d'Alfred de Musset. Cela, depuis de très longues années. La légende, racontée par les gardiens du cimetière, rapporte que ce sont là des ex-veto consacrés par la piété féminine à la mémoire du poète des *Nuits*. »

Nous nous ferions un reproche de ne pas rappeler les jolis vers, publiés dans le *Gaulois* par M. Paul Ferrier, un vrai poète aussi :

A PROPOS DE LA MANIFESTATION DU PÈRE-LACHAISE.

>   Portez des fleurs au cimetière,
>   Les fleurs de printemps que j'aimai,
>   Les lilas à la grappe altière
>   Et les pâles roses de mai ;
>   Venez avec une prière
>   Sur la tombe où je dormirai !

>   Déjà l'églantin sent éclore
>   Ses bourgeons bientôt entr'ouverts :
>   La fauvette, sitôt l'aurore,
>   Se pose aux premiers buissons verts ;
>   Le printemps naît. Sur la pelouse,
>   La nuit berce, amante jalouse,
>   Le zéphyr plus tiède et plus doux.
>   L'immortelle mère nature
>   S'emplit d'amour et de murmure.
>   Comme si, belle en sa parure,
>   Elle attendait un rendez-vous !

>   C'est le mois de mai qui ramène
>   Le cours des ans par Dieu conduits :
>   Mais que, durant ma vie humaine,
>   Je chantai, poète des Nuits !

>   Vous qui gardez ma souvenance,
>   Fidèles à des temps lointains,
>   Venez, lorsque mai recommence,
>   Des gerbes de fleurs plein vos mains :
>   Et lorsque, dans la froide terre,
>   Mon cœur déchiré dormira,
>   Vous partis, la fleur solitaire
>   Sur mon tombeau s'effeuillera !

>   Ornez ma demeure dernière :
>   Mais, à genoux sur le gazon,
>   Avec les fleurs de la saison,
>   Amis, portez une prière !

Car mon âme, dans le ciel bleu,
Connut la vérité suprême,
Et si *Rolla* fut un blasphème,
Rappelez-vous l'*Espoir en Dieu !*

PAUL FERRIER.

Enfin, pour finir, nous ne pouvons mieux faire que de citer l'anecdote piquante que M. Paul Ginisty nous a contée, dans le *XIXe Siècle*, et qu'il tenait d'Arsène Houssaye. C'est là une page éminemment suggestive, comme on dit aujourd'hui :

Musset soupait, un soir, avec le duc d'Orléans et la maîtresse du prince, une danseuse de l'Opéra. La nuit était déjà assez avancée. Il fallait que le duc d'Orléans, qui était tenu à quelques précautions et qui était obligé de jouer souvent cette comédie, fît constater un instant sa présence chez lui, — quitte à repartir aussitôt « par une porte dérobée », comme dans les pièces romanesques.

Il quitta donc le poète, en le laissant assez imprudemment avec la danseuse qui, en regagnant son hôtel, devait reconduire Musset chez lui.

Mais Musset n'avait nulle envie de s'aller coucher. La voiture s'arrêta devant sa porte sans qu'il en descendît, et l'extravagante idée lui vint d'accompagner la jeune femme, non seulement jusque chez elle, mais dans sa chambre même.

Elle se défendait, un peu inquiète des conséquences de la curiosité indiscrète de l'écrivain, car le prince avait annoncé nettement son intention d'aller la retrouver. Mais il était bien difficile de résister à un charmeur comme Musset. D'ailleurs, on avait de l'avance sur le duc d'Orléans, et Musset avait promis qu'il se retirerait aussitôt après avoir contemplé le nid où s'abritaient des amours quasi-royales.

Il pénètre dans le coquet et charmant logis, l'examine et entame d'étourdissants paradoxes sur les liaisons princières. En tout autre moment, la danseuse s'en fût fort amusée ; mais le temps pressait, et elle ne laissait pas d'être un peu alarmée.

— Bah ! dit Musset, le prince trouvera tout naturel de nous revoir ensemble ..

Et il s'y prend si gaiement, il trouve des arguments si pleins de verve, que la danseuse finit par se laisser convaincre. Après tout, le poète se chargera d'expliquer sa présence chez elle à cette heure indue.

Mais elle n'était pas au bout de ses surprises ! Voici tout à coup que Musset, qui avait regardé le lit (c'était un fort beau lit, en effet), en se livrant à mille réflexions plaisantes, déclare, avec aisance, qu'il le veut essayer. Il se déshabille en hâte, malgré les protestations éperdues de la maîtresse de céans, et s'y étend le plus tranquillement du monde.

— Mais, s'écrie la danseuse, vous êtes fou !

— L'hospitalité des princes, répond Musset, ne doit pas être une hospitalité banale !

A ce moment, le prince survient — et il reste stupéfait du sans-façon du poète. Il y avait un peu de quoi.

— Bonsoir, lui dit Musset sans le moindre embarras.

— Bonsoir, fit le prince, pâle de colère, mais cherchant le moyen, devant cette cavalière audace, de n'être pas ridicule.

Le seul parti qu'il avait à prendre était de s'en aller, et c'est ce qu'il fit. Musset resta dix jours chez la danseuse qui, elle, avait pris le parti de se prêter à toutes ses fantaisies — et s'était mise à l'adorer.

Jamais poète ne souffla plus lestement sa maîtresse à un fils de roi. Celui-ci, du reste, lui garda quelque temps rancune.

Nous remercions bien sincèrement tous nos Confrères de l'appui qu'ils ont donné au Comité organisateur, à l'occasion de cette fête du 8 Mai, dont le souvenir restera, et qui, nous l'espérons, servira d'exemple à ceux qui veulent rendre un public hommage aux maîtres écrivains de notre beau pays de France, et développer ainsi chez nous le culte des grands hommes.

Paris, le 1er Juin 1892.

Hippolyte BUFFENOIR.

ŒUVRES
DE
HIPPOLYTE BUFFENOIR

LES PREMIERS BAISERS, poésies (5e édition). Magnifique volume sur papier de Chine . . . . . 3 fr. »
LES BEAUX JOURS D'UN POÈTE, étude parisienne (7e édition). . . . . 1 »
LA ROCHE TARPÉIENNE OU LETTRE SUR LE GAMBETTISME. Une forte brochure. . . . . » 50
GAMBETTA DEVANT LA JUSTICE DU PEUPLE. Une forte brochure (60e édition). . . . . » 50
LES ALLURES VIRILES, poésie et prose. Edition de luxe (4e édition). 1 vol. . . . . . . 3 »
ROBESPIERRE, aperçus sur la Révolution. . . . . 2 »
POUR CEUX QUI N'ONT PAS DE FOYER, poème. . . . » 50
DEUX DISCOURS EN L'HONNEUR D'ALFRED DE MUSSET (1882-1883) . . . . 1 »
LA VIE ARDENTE, poésies (3e édition). . . . . . 3 »
LES DRAMES DE LA PLACE DE GRÈVE, roman historique (6e édition). . . . . 3 »
LE DÉPUTÉ RONQUEROLLE, roman de mœurs contemporaines (6e édition) . . . . 3 »
CRIS D'AMOUR ET D'ORGUEIL, poésies (5e édition) . 3 »
JEAN-JACQUES ROUSSEAU ET LES FEMMES, étude philosophique (5e édition) . . . . 1 »
CONFÉRENCE SUR LE « JÉSUS-CHRIST » du Père Didon (6e édition). . . . . 1 » 50
LES RUSSES EN ASIE, notice sur les collections Moser (4e édition) . . . . » 50
POUR LA GLOIRE, poésies nouvelles . . . . . . 3 »
DISCOURS EN L'HONNEUR D'ALFRED DE MUSSET (1892). » 50

SOUS PRESSE

CONFESSIONS ET SOUVENIRS . . . . 3 »

Issoudun. — Imp. typ. et lith. E. Motte.

www.ingramcontent.com/pod-product-compliance
Lightning Source LLC
Chambersburg PA
CBHW060500050426
42451CB00009B/744